POVR LES VNIVERSI[TEZ]
DE FRANCE,

jointes en cause pendante au Conseil.

Contre les IESVITES *demandeurs en caſſation
d'Arreſt du Parlement de Tholouſe, par lequel
defences leur ſont faictes de prendre le nom,
tiltre & qualité d'Vniuerſité, & de bailler
aulcun degré en aulcune Faculté, ny
aulcune nomination aux
benefices.*

LES VNIVERSITEZ ont touſiours eu ceſte faueur de nos ROIS, qu'elles ont eſté receuës à demander IVSTICE à leurs Majeſtez, non ſeulement pour leurs cauſes particulieres; mais auſſi pour les cauſes concernants l'Eſtat public du Royaume. Les Hiſtoires & Actes publics en font foy pleniere, meſmes il ſe veoit aux regiſtres du Parlement de Paris que noſtre Roy CHARLES VII. voulant reſtablir & confirmer les droits & loix fondamentales de ſon Royaume, & à ceſte fin ayant aſſemblé pluſieurs grands Seigneurs de ſon Conſeil, furent oüis tant ſon Procureur general que l'Vniuerſité de Paris, & ſur ce qu'ils repreſenterent furent faictes pluſieurs bonnes Ordonnances, que ſa Majeſté iura & feit iurer à tous ſes Officiers & Conſeil de garder inuiolablement.

Il eſt notoire à tout le monde que noſtre Roy ne cede à aulcun de ſes Predeceſſeurs en volonté de rendre, ſans acceptation de perſonnes, à l'imitation de DIEV, par la

grace duquel il regne, la Iustice à ses subiets; en resolution de conseruer son authorité Royale;en courage pour
maintenir son Estat & tous les corps, dont il est compo-
sé, contre toute sorte d'entreprises.

C'est pourquoy les Vniuersitez, pressees par vne ex-
treme necessité de se defendre contre l'aggression, voire
mesme oppression, que les Iesuites, non encore contents
des desolations & ruines qu'ils leur ont cy-deuant pro-
curees,entreprennent maintenãt de leur faire en voulant
s'attribuer & leur Tiltre & leurs Droicts, (leur Tiltre en
faisant aultant d'Vniuersitez qu'ils ont de Colleges de
leur Societé, leurs Droicts en faisant les promotions &
baillant les degrez aux Estudiants, mesmes à ceux à qui
les Docteurs des Vniuersitez les auront refusees, comme
s'ils estoient leurs Superieurs) esperent que le Roy n'aura desagreable que leurs Deputez les defendent.

Et se defendant qu'en la presence de sa Majesté & de
Nosseigneurs de son Conseil,ils ne soustiennent pas seulement l'Arrest donné à leur profit, par l'vn des plus celebres Parlements de son Royaume, sçauoir est le Parlement de Thoulouse,duquel les Iesuites osent demander
la cassation en abusant de la faueur que sa Majesté leur
faict d'en auoir vn d'entre eux pour son Confesseur : Faueur singuliere,laquelle iusqu'à present ils n'ont receuë
ny d'aulcun de Nos Saincts Peres,ny de Roy d'Espagne.

Mais aussi facent veoir & prouuent par Actes authen-
tiques, & mesmes par les propres pieces des Iesuites, que
la demande, que les Iesuites font à present & le dessein
qu'ils ont de long temps d'attribuer à chascun de leurs
Colleges, le tiltre, & les droits d'Vniuersité, sont contraires & preiudicient à *l'authorité* du Roy; à la Iustice
ordinaire de sa Majesté,à la *dignité* & au pouuoir de Mes-

ſieurs les Cardinaux, Archeueſques & Eueſques; aux *Regles & profeſſions* des autres Religieux; à la Ieuneſſe eſtudiant ſoubs eux; au bien des Villes qui les reçoiuent; à la perfection des Sciences; à l'antiquité & aux commandeméts de l'Egliſe; à la *reſolution* priſe par le Clergé de Fráce aſſemblé en 1561. à Poiſſy; aux *Lettres patentes* que ils ont obtenuës pour leur eſtabliſſement, de nos Roys Henry II. François II. Charles IX. Henry III. & à *celles* qu'ils ont euës pour leur reſtabliſſement, du feu Roy Henry le Grand, & de noſtre Roy regnant à preſent; Comme auſſi aux *Arreſts* d'homologation & enregiſtrement d'icelles, leſquels eux-meſmes ont pourſuiuis és Cours de Parlement de ce Royaume.

A L'AVTHORITE' DV ROY,

En ce qu'ils veulent en vertu d'vne Bulle qu'ils diſent auoir obtenuës de N. S. Pere Gregoire XIII. ſe donner pouuoir de choiſir & creer des Iuges Conſeruateurs pour toute ſorte de cauſe tant ciuiles que criminelles & mixtes; meſmes pour celles eſquelles ils ſeront demandeurs pour leurs droicts terres & maiſons, fruicts, cés & reuenus, & tous aultres biens meubles & immeubles, ſpirituels & temporels: *a* & que les Iuges qu'ils auront receus facent la iuſtice ſelon la voló-

té du Recteur de leur Vniuerſité. *b*

A L'AVTHORITE' DV ROY.

En ce que par leur Inſtitut inſe-

a Bulla, cui titulus, Conſeruatoria, facultas Conſeruatores Iudices aſſumendi in quibuſcunque cauſis. pag. 122. *In quibuſcumque cauſis, tam Ciuilibus quam Criminalibus ac mixtis, etiam in eis in quibus ſunt actores, vel conuenti rei forent, ipſis contra quaſcumque Communitates et Collegia, &c. aſſumere Conſeruatores & Iudices ordinarios indulſit. &c. ſuper terris, locis domibus, & Iuribus, necnon fructibus, cenſibus, reditibus, ac quibuſcumque aliis bonis mobilibus et immobilibus, ſpiritualibus & temporalibus. b* Conſtitut. parte 4. cap. 11. pag. 258. *Conueniat Iuſtitiæ ordinaria, ſiue ſæcularis, ſiue Eccleſiaſtica; miniſtros circa punitionem Scholaſticorum, voluntatem Rectoris Vniuerſit. tibi ſignificatam exequi.*

ré & rapporté en la Bulle qu'ils ont obtenuë en 1540. de N. S. P. Paul III. ils retiennent pour leur General, (qui depuis leur venuë iusques à present n'a esté qu'Estranger, Espagnol, ou nai en terre assubiettie à l'Espagne) toute sorte de gouuernement [a] & authorité souueraine sur les Estudiants en leurs colleges, sur leurs colleges, & sur tous ceux de leur Societé, pour tousiours luy obeït & le recognoistre comme nostre Seigneur IESVS-CHRIST, present en luy : [b] & en leur vœu, luy promettant en qualité de tenant le lieu de DIEV, obeissance, [c] non seulement pour les choses obligatoires, mais aussi pour les aultres, bien que rien aultre chose ne leur apparoisse, que le signe de la volonté du General, sans aucun exprés commandement : [d] En faisant en toutes choses tout ce qui aura esté commandé, en se persuadát toutes choses estre iustes, en renonçant par vne obeissance aueugle à tout aduis & iugement contraire ; [e] en se laissant porter & manier tout ainsi que s'ils estoient vn corps mort : [f] voulants que nul particulier directement ou indirectement sans la permission &

[a] Bulla confirmat. Instituti pag. 8. *Retenta penes Præpositum omnimoda gubernatione, seu superintendentia super dicta Collegia, & prædictos studentes, &c. statutorum ordinationem, atque aliam omnimodam gubernationē, regimen ac curâ.*

[b] Ibid. pag. 7. *parere semper teneantur, et in illo Christum, veluti præsentem agnoscant.*

[c] Constitut. parte 5. cap. 3. pag. 187. *Promitto tibi Patri reuerendo Præposito Generali Societatis Iesu, locum DEI tenenti, obedientiam.*

[d] Constitut. parte 6. cap. 1. pag. 194. *Nec solum in rebus obligatoriis, sed etiam in aliis, licet nihil aliud quam signum volũtatis Superioris, sine vllo expresso præcepto, videretur.*

[e] Ibid. pag. 196. *Quidquid nobis iniunctum fuerit obeũdo; omnia iusta esse nobis persuadendo, omnem sententiam ac iudicium contrarium, coeca quadam obedientia abnegando.*

[f] Ibid. *se ferri ac regi sinere debent perinde ac si cadauer essent.*

approbation de leur General, ne demande ou ne face demander à N. S. P. le Pape, ny à aultre qui foit hors de la Societé, grace aulcune pour foy ou pour aultre, & qu'il croye que fi ce qu'il defire, n'eft par luy obtenu de fon General, ou auec fon confentement, il ne luy peut conuenir, non pas mefme pour le feruice diuin ; Au contraire que s'il luy conuient du confentement de fon General, qui luy tient lieu de N. S. IESVS CHRIST, il l'obtiendra. [a] Et que ce qui eft dit de Colleges, doit eftre entendu dit d'Vniuerfitez de la Societé [b] (de forte que s'ils obtiennent ce qu'ils demandent à prefent on ne dira plus l'Vniuerfité Royale de Paris, mais l'Vniuerfité de la Societé, & ainfi des autres Vniuerfitez de ce Royaume :) & que [c] combien qu'il communique fon pouuoir aux autres Inferieurs, Prouinciaux, vifitateurs ou Commiffaires, toutesfois il pourra approuuer, ou caffer & refcinder ce qu'ils auront

[a] Ibid. pag. 197. & 198. *Nec priuatus quifpiam, directe vel indirecte, fine eius facultate & approbatione, à* SVMMO PONTIFICE, *nec ab alio extra Societatem, gratiam vllam in fuum prinatum, vel alterius vfum petat, aut petendam curet: fibique perfuadeat, fi per fuperiorem fuum, vel cum eius confenfu, quod optat, non obtinuerit, ne id quidem ad Diuinum feruitium fibi conuenire : & fi conuenit, cum Superioris confenfu, vt qui* CHRISTI *Domini noftri locum erga ipfum tenet, id fe confequuturum.*

[b] Conftitut. parte 9. cap. 3. pag. 277. *Et quod de Collegiis dicitur, de Vniuerfitatibus Societatis dictum intelligatur.* [c] Ibid. pag. 284. *Et quamuis aliis inferioribus Prepofitis vel vifitatoribus, vel Commiffariis fuam facultatem communicet; poterit tamen approbare vel refcindere quod illi fecerint, & in omnibus quod videbitur conftituere: & femper ei obedientiam ac reuerentiam (vt qui Chrifti vices gerit) praftari oportet.*

A iij

faict, & en toutes choſes ordonner ce que bon luy ſemblera , & touſiours luy faut obeir & le reuerer commé celuy qui eſt vicaire de noſtre Seigneur IESVS-CHRIST.

A L'AVTHORITE' DV ROY.

En ce qu'ils ont vn Sindic general qui donne aduis à leur General, tant des perſonnes que des choſes que bon luy ſemble : [a] Et [b] leur General a quatre Aſſiſtants, l'vn pour les affaires de France & d'Allemagne, l'autre d'Italie & Sicile, l'autre d'Eſpagne & Portugal, l'autre des Indes : & [c] generalement pour faire toutes choſes, a vn Procureur general de la Societé, & ſe faict enuoyer par chacun an vn catalogue [d] de toutes les Maiſons & Colleges de la Societé auec leurs reuenus , & vne aultre de toutes les Perſonnes qui ſont en chacune Prouince. Ils veulent auſſi qu'en leurs pretenduës Vniuerſitez, il y ait vn [e] Secretaire de la Societé, qui ait vn liure, dans lequel ſoient eſcrits les noms de tous ceux qui vót en leurs Colleges ; & qui reçoiue d'eux promeſſe d'obeir à leur Re-

[a] Conſtit. parte 4. cap 17. pag. 176. Erit Syndicus vnus generalis, qui tam de perſonis, quam de rebus, de quibus videbitur , Generalem admoneat.
[b] Conſtitut. parte 9. cap. 6. pag. 299. & 298. Aſſiſtentes nunc quidem quatuor erunt : vnus rerum Indicarũ inſpiciendarum, alter Hiſpaniæ et Portugalliæ, & alius Germaniæ & Galliæ, & alius Italiæ & Siciliæ.
[c] Ibid. pag. 300. Et generatim ad res omnes agendas, multũ conferet , imo neceſſariũ eſt vnius Procuratoris generalis Societatis auxilium.
[d] Ibid. pag. 294. Catalogum vnum omnium Domorum et Collegiorum Societatis cum ſuis reditibus ; & alterum perſonarum omniũ quæ in quauis Prouincia verſantur.
[e] Conſtitut. parte 4. cap. 17. pag. 174. & 175. Sit Secretarius ex Societate , qui Librum habeat, vbi omnium Scholaſticorum , qui Scholas aſſidue frequentant, nomina ſcribantur : quique eorum promiſſionem de Obedientia Rectori præſtanda et Conſtitutionibus obſeruandis (quas ipſemet proponet) admittat.

&teur & obseruer leurs Constitutiõs,
& que si quelques vns sont refusans
de donner leurs noms & ainsi s'im-
matriculer & enrooler qu'il leur re-
presente *a* que l'on a soin plus particulier des Estudiants, desquels les
noms sont escrits dans le liure de
l'Vniuersité. A parler proprement &
sans feinte, que peut on dire estre ce
que dessus, sinon enrooler, errer &
retenir des hommes, pour vn E-
stranger, comme iusques aujour-
d'huy a tousiours esté le General de
ceste Societé? Cela ne peut estre faict
en ce Royaume sans contrarier &
preiudicier infiniment à l'authorité
de nostre Roy. Nul ne peut seruir
deux diuers Seigneurs, ny recognoistre comme subiect & vassal, l'vn &
l'autre. Nostre Roy ne peut estre recognu & serui auec vn General aux
termes cy rapportez: non plus que
N. S. Pere le Pape en qualité de Vicaire de Nostre Seigneur Iesus-
Christ, comme les Vniuersitez auec
l'Eglise Catholique Apostolique &
Romaine, le recognoissent; & vn
General en qualité de tenant le lieu
de DIEV & Vicaire de nostre Seigneur IESVS-CHRIST. pourquoy
couurir, s'ils disent comme ils ont

a In declaratione eiusd.
cap. pag. 175. *Quod cura
magis particularis Scholasti-
corum, quorum nomina scripta in* Libro Vniuersita-
tis *sunt, haberi solet.*

de couſtume, qu'ils voüent à ſa Saincteté, obeïſſance particuliere, l'on
reſpond qu'ils ſuppriment ce qui eſt
porté par leurs Conſtitutions, que
c'eſt [a] pour les Miſſions ſeulement,
deſquelles encores ils attribuent
toute direction & puiſſance à leur
General [b]

A LA IVSTICE ORDINAIRE DE SA MAIESTE.

En ce qu'aulcun [c] de leurs Colleges & Maiſons, ſoit Profez, ſoit
Coadiuteur, ſoit Eſcholier, pour
cauſes Ciuiles, encore moins pour
cauſes Criminelles, ne ſe doit laiſſer
interroger, ſans permiſſion du Superieur : & que le Superieur ne la
doit donner, ſinon és cauſes qui
concernent la ReligionCatholique.

A LA DIGNITE ET AV POV- uoir de Meſſieurs les Cardinaux, Arche- ueſques & Eueſques.

En ce qu'ils leur [d] oſtent pouuoir
& authorité de iuger aultrement
qu'il n'eſt porté par la Bulle qu'ils diſent auoir obtenuë pour choiſir des
Iuges Conſeruateurs en toutes cauſes Ciuiles & Criminelles : & les ad-

ſtraignent

[a] Conſtitut.parte 5.cap.
3. pag. 188. Promitto ſpe-
cialem obedientiam ſummo
Pontifici circa Miſſiones.
Ibid. in Declaratione.
Tota intentio quarti huius
voti obediendi ſummo Pon-
tifici, fuit et eſt circa Miſſiones : & ſic intelligi oportet li-
teras Apoſtolicas, vbi de hac
obedientia loquuntur; In omnibus qua iuſſerit ſummus
Pontifex, & quocumque mi-
ſerit.
[b] Conſtitut.parte 9.cap.
3. pag. 280. Idem Genera-
lis in Miſſionibus omnem
habebit poteſtatem.
[c] Conſtitut.parte 6. cap.3.
pag.211. Nemo ex Profeſſis,
vel Coadiutoribus, vel etiam
Scholaſticis Societatis in
cauſis Ciuilibus, nedum Criminalibus, ſe examinari ſine
licentia Superioris permit-
tat.Superior autem eam mi-
nime dabit, niſi in cauſis qua
ad Religionem Catholicam
pertinent.
[d] Bulla conſeruatoria pag.
127. Sicque per quoſcumque
Iudices et Commiſſarios, &
cauſarum palatij Apoſtolici
ac S.R. Eccleſiæ Cardina-
les, ſublata eis, et eorum cuilibet quauis aliter Iudicandi
& interpretandi facultate
& auctoritate, iudicari & deſiniri debere.

ſtraignent ᵃ de iuger & definir ſelon leur Inſtitut & Conſtitutions, par la Bulle qu'ils rapportent de N. S. P. Gregoire X I I I. de l'an 1584. qui porte ᵇ excommunication maieure & peine d'inhabilité à toute ſorte d'Offices & Beneſices Seculiers & Reguliers de tous Ordres, à encourir de faict & ſans aulcune aultre declaration, contre toute perſonne de quelque condition & prééminence qu'elle ſoit, qui debattra, ou contredira directement ou indirectement, l'Inſtitut & les Conſtitutions de ceſte Societé, ou quelqu'vn des Articles, ſoubs couleur de diſputer ou de chercher la V E R I T E' : Comme auſſi en ce qu'ils attribuent par leurs Inſtitut, Bulles & Conſtitutions, à leur General, la Superintendance de toutes les Vniuerſitez qu'ils auront. Ce qui exclud & priue Meſſieurs les Cardinaux, Archeueſques & Eueſques, du droict & de la poſſeſſion qu'ils ont d'eſtre directeurs & protecteurs des Vniuerſitez : & exempte pluſieurs Clercs de leur Iuriſdiction.

ᵃ Bulla de noua Inſtituti confirmatione pag. 242. *Sicque in præmiſſis omnibus & ſingulis per quoſcunque Iudices et Commiſſarios etiã cauſarum palatij Apoſtolici ac S. R. E. Cardinales in quauis cauſa & inſtantia, ſublata eis & eorum cuilibet, &c. vt ſup.*

ᵇ Ead. Bulla. pag. 241. *Præcipimus in virtute Sancta Obedientia, ac ſub pœnis excommunicationis latæ ſententiæ, necnon inhabilitatis ad quæuis Officia & Beneficia ſacularia, & quorumuis Ordinum Regularium, eo ipſo abſque alia declaratione incurrendis, quarum abſolutionem nobis & ſucceſſoribus noſtris reſeruamus, ne quis cuiuſcunque ſtatus, gradus, & prææminentiæ exiſtat, dicta Societatis Inſtitutum & Conſtitutiones, vel etiam præſentes, aut quemuis earum vel ſupradictorum omnium, articulum, vel aliud quid ſupradicta concernens, quouis diſputãdi vel etiã VERITATIS indagandæ quæſito colore, directe vel indirecte impugnare vel eis contradicere audeat.*

B

AVX REGLES ET PROFESSIONS
des aultres Religieux.

En ce qu'à l'efgard de ceux qui font dotez, ils prennent leurs meilleurs benefices pour les vnir à leurs Colleges, ainſi qu'il eſt notoire : & à l'efgard des autres, ils s'attribuent *a* toutes les facultez, conceſſions, exéptiós, Indulgéces, remiſſions de pechez & graces tant ſpirituelles que téporelles, concedees & à conceder, qu'ont & auront à l'aduenir tous Ordres de Religieux & Religieuſes Mendiants, pour en ioüir par eux en tout & par tout, ainſi qu'eux, voire meſme auec autant de droit : & veulent que *b* tous ceux qui eſtudieront en leurs Colleges, ou pretenduës Vniuerſitez, leur promettent obeïſſance & d'obſeruer leurs Conſtitutions, tellement que ſi quelques Religieux eſtudient & prennent les degrez & promotions, comme pluſieurs font en l'Vniuerſité de Paris, & aultres Vniuerſitez, ils ſeront tenus, contre les Regles de leurs Ordres & leurs profeſſions, de promettre obeïſſance à aultre qu'à leurs Superieurs.

a Bulla Societatem eſſe mendicantem pag. 115. *Omnia & ſingula quaecunque & qualiacunque ſint, etiam ſpeciali nota digna priuilegia, exemptiones, facultates, cöceſſiones, indulgētias, peccatorū remiſſiones, et gratias tā ſpirituales quā temporales, haētenus per quoſcunque Romanos Pontifices, quibuſuis Ordinibus Fratrum & Sororum mendicantium quocunque nomine nuncupentur, illorumque congregationibus, & aliis piis locis haētenus conceſſa & in poſterum concedenda, eiſdem Praepoſito ac Societati & omnibus illius perſonis, ita quod poſſint libere & licite vti, frui, potiri & gaudere in omnibus & per omnia, non ſolum ad illorum inſtar, ſed pariformiter & aeque principaliter, abſque vlla prorſus differentia, concedimus.*

b Conſtitut. parte 4. cap. 17. pag. 176. *Omniū Scholaſticorum qui Scholas frequentant, nomina ſcribantur : eorum promiſſionem de Obedientia Rectori praeſtanda & Conſtitutionibus obſeruandis, admittat.*

A LA IEVNESSE ESTVDIANT
foubs eux.

En ce que *a* la Societé profeffe ne doit auoit foing de faire inftruire és Colleges, en perfection de vie & lettres dignes d'vn Chreftien, que ceux qui feront eftimez en auoir le talent; parce que ceux là feront pour feminaire à la Societé profeffe, & à les Coadiuteurs: & difent que fi auec les Colleges, les Vniuerfitez font auffi commifes à la Societé, en gardant la façon de proceder, de laquelle il eft parlé en la 4. partie, elles aideront à mefme fin ; adiouftant *b* à ces termes, *pour la plus grande gloire de Dieu, ceux-cy, & le bien general de la Societé.* Ce qui donne à cognoiftre certainement qu'ils n'eftabliffét leurs pretenduës Vniuerfitez que pour leur intereft & profit particulier.

a Cõftitut. parte 10. pag. 304. *Talis eft Societas Profeffa, qua in Collegiis eos inftituendos curabit in perfectione vitæ, literifque Chriftiano dignis, qui talentum ad id fortiti effe videbuntur: hi enim pro Seminario Societati Profeffa, & eius Coadiutoribus erunt. Et fi cum Collegiis, Vniuerfitates etiam curæ Societatis commiffæ fuerint, obferuato illo modo procedendi, de quo in 4. parte dictum eft, ad finem eundem iuuabunt.*

b Conftitut. parte 9. cap. 4. pag. 287. *In omnibus præ oculis habendo quod ad maiorem Dei gloriam & vniuerfale bonum Societatis fore indicabitur.*

AV BIEN DES VILLES QVI LES
reçoiuent.

En ce qu'ils fe donnent *c* pouuoir de quitter ou aliener les Colleges & les Maifons, ou ils ont efté eftablis:

c Conftitut. parte 4. cap. 2. pag. 118. *Ad relinquenda vel alienanda Collegia, aut domos iam admiffas, Præpofitus Generalis fimul cum ipfa Societate poteftatem habebit.*

B ij

a Conftitut. parte 9. cap. 3. pag. 283. Si experimento compertú effet, grauari magis quam iuuari Societatem, nec Præpofitus Generalis de remedio profpiceret; in prima generali Societatis congregatione, utrum huiufmodi Domum, Collegium, vel Vniuerfitatem relinqui, an teneri cum tali onere expediat, agi poterit.

b Declarat. d. cap. 2. pag. 118. Si ipfa curam quam habebat, reliquerit, poterunt qui alias hanc auctoritatem fibi in fundatione referuauerint, pro fua deuotione, ad aliud opus applicare id quod fic relictum fuerit. Si verò huiufmodi non interceſſerit referuatio, poterit procedere Societas iuxta Inftitutum

c Conftitut. parte 4. cap. 17. pag. 175. Sint et duo, vel tres bidelli, vnus ad facultatis linguarum; alter ad Artium; tertius ad Theologiæ functiones deftinatus. In has tres Facultates Vniuerfitas diuidetur.

d Conftitut. ead. parte cap. 13. pag. 161. Medicinæ & Legum ftudium vt à noſtro inftituto magis remotum, in Vniuerfitatibus Societatis vel non tractabitur, vel faltem ipfa Societas per fe id oneris non fufcipiet.

& difent que fi *a* par l'eſſay il leur apparoift que la Societé en eft pluftoft incommodee qu'aydee, & que leur General n'y apporte remede, il fera loifible à la premiere generale congregation de la Societé de deliberer, fi telle Maifon, College, ou Vniuerfité doit eftre delaiſſee, ou tenue auec telle charge. Voire mefme *b* les quittant ils en veulent difpofer & de tout le reuenu à eux baillé, s'il n'y a expreſſe referue au contraire, faicte par ceux qui les ont fondez.

A LA PERFECTION DES Sciences.

En ce qu'ils *c* reduifent leurs pretendues Vniuerfitez à trois facultez, l'vne des Langues, *l'autre* des Arts; & *la troifiefme* de la Theologie: & *d* ne veulent pas qu'il y foit traicté de la Medecine ny des Loix (quoy que notoirement elles foient des plus neceſſaires à la vie humaine) à tout le moins que la Societé en foit chargee.

A L'ANTIQVITE ET AVX Commandemens de l'Eglife.

En ce que leurs Efcholiers, principalement ceux qui font demeurants en leurs Colleges, non plus qu'eux, n'oyent & n'entédent point de grand' Messe dicte auec Diacre & Soubsdiacre, parce qu'ils n'en disent point en leurs Eglises, ainsi qu'il est notoire à vn chacun : & n'ont point de chœur : *a* Et qu'ils dérogent aux Conciles generaux *b* .

a Constitut. parte 6. cap. 3. pag. 209. *Non vtentur nostri choro, ad Horas canonicas, vel Missas, & alia officia decantanda.*

b Bulla, cui titulus, *ad gradus.* pag. 88. *Nonobstantibus quibusuis Apostolicis,* &c. *Conciliis editis generalibus,* &c.

Idem Bulla, cui titulus, *Conseruatoria.* pag. 127.

A LA RESOLVTION DV Clergé de France assemblé à Poissy en 1561. aux Lettres patentes de nos Roys, & aux Arrests d'homologation & enregistrement d'icelles, qu'eux mesmes ont poursuiuis.

En ce qu'ils veulent s'attribuér & le tiltre & le nom, & les droits des Vniuersitez ; *b le tiltre & le nom*, en qualifiant Vniuersité, chacun des Colleges de leur Societé, pour faire aultant d'Vniuersitez qu'ils ont de Colleges, *les droicts*, en faisant les promotions & baillant les degrez aux estudiants, mesmes à ceux ausquels les Docteurs des Vniuersitez les auront refusez, *c* en cas que leurs examinateurs les trouuent capables, comme s'ils estoient leurs Superieurs : Car par la resolution du Clergé cy-datee, & par les Lettres patentes de nos Roys cy-mentionnees, & par les Arrests d'homolo-

b Constit. parte 4. cap 11. *De Vniuersitatibus in Societate admittendis.* Cap. 12. *De scientiis quæ tradenda sunt in Vniuersitatibus Societatis.* Cap. 15. *De cursibus & Gradibus.* Cap. 17. *De Officialibus & ministris Vniuersitatis.*

b Bulla, cui titulus, *Ad gradus.* pag. 85. *Et etiam diuites, si officiales Vniuersitatum eos promouere recusauerint, cum per examinatores vestræ Societatis idonei sint inuenti, ad quoscunque Bascalaureatus, Licentiatura, Magisterij & Doctoratus gradus promouere concedimus.*

gation & d'enregiſtremét d'icelles, qu'eux-meſmes ont
pourſuiuis és Cours de Parlement de ce Royaume, il
eſt expreſſément dit qu'ils ne feront aulcune choſe en
ſpirituel ne temporel au preiudice des Vniuerſitez. Ils
ne peuuent pas faire vn plus grand preiudice aux Vniuerſitez que de faire leurs Colleges Vniuerſitez, & les
vouloir eſtablir & mettre és tiltres & droicts des Vniuerſitez, ſemblables à celle de Paris & aultres de ce
Royaume.

POVR LE DROICT DES VNIVERSITEZ
ioinctes en ceſte cauſe.

LE ROY conſiderera s'il luy plaiſt auec Noſſeigneurs
de ſon Conſeil, que les Ieſuites, qui ſont demandeurs en
caſſation *d'Arreſt*, ne rapportent aulcune raiſon pour
fonder leur demande.

Ils diſent qu'il a eſté donné par aigreur: c'eſt ainſi qu'ils
recompenſent en bonnes paroles, & en effect, vn chacun
de ceux qui les aſſiſtent & ſupportent d'ordinaire, ſoit en
corps, ſoit en particulier, en tout ce qu'ils peuuent eſpe-
rer, & en tout ce qu'ils doiuent deſirer, comme il eſt notoire à tout le monde qu'ils ont touſiours eſté au Parle-
mét de Thoulouſe. S'il eſtoit beſoin, infinis autres exem-
ples de telle recognoiſſance & recompenſe ſeroient rapportez, venus de leur part és perſonnes de leurs bienfai-
cteurs, Rois, Princes, & aultres de toute ſorte de qualité,
dignité & preeminence, ſans meſmes excepter nos SS.
PP. les Papes, teſmoin l'hiſtoire de Sixte V. & celle de
Clement VIII. touchant la diſpute de *Gratia*; & celle du
Cardinal Monopoli, de l'ordre des Capucins, eſtant en
ceſte diſpute de *Gratia*, de l'aduis de noſtre Sainct Pere,

pour les Iacobins contre les Iesuites. Aussi ne cottent ils,
& ne sçauroient ils articuler ny cotter aulcun faict, encore moins subiet d'aigreur de la part du Parlement de
Thoulouse à l'encontre d'eux. Et au contraire les Vniuersitez, toutesfois & quantes qu'il sera necessaire, prou-
ueront & rapporteront plusieurs actes de bien-veillance
que ceste Societé a receus de ce Parlement.

Dauantage, cet *Arrest* est conforme *à vn aultre* donné
au mesme Parlement le 14. de Feb. 1561. depuis lequel
temps, il y a 60. ans & plus ils ne s'en sont iamais plaints;
& ne peuuent se plaindre, d'autant que c'est la piece par
laquelle ils sont establis & ont College à Tournon.

Voire mesme l'vn & l'autre de ces *Arrests* sont con-
formes à leur *reception* en ce Royaume faicte par *l'acte* de
l'assemblee du Clergé à Poissi, & par les *Arrests* d'enregistrement d'iceluy & aux *Lettres* patentes de nos Rois,
mesmes celle de nostre Roy regnant à present, & aux
Arrests d'homologation & enregistrement d'icelles; car
par ces Lettres patentes, ainsi que par cet Acte & par ces
Arrests ils sont receus à condition, entre autres, de ne faire aucune chose, en spirituel ne temporel, au preiudice des
Vniuersitez.

Qu'est-ce autre chose cela, sinon dire comme porte
l'Arrest dernier de Thoulouse, qu'ils ne pourront prendre tiltre, nom, ny qualité d'Vniuersité, ny bailler les degrez comme font les Vniuersitez. Peuuent ils donner à
aucun de leurs Colleges le nom d'Vniuersité, & le droict
de conferer les degrez sans preiudicier aux Vniuersitez.
Peuuent ils se plaindre des defences qui leur en sont faictes par cet *Arrest* dernier; ainsi que par les precedents;
sans demeurer d'accord qu'ils ne sont receus ny approu-

uez en ce Royaume, ny en poſſeſſion auec tiltre, du College de Tournon, puis que leur reception, approbation,
poſſeſſion & reſtabliſſement ne ſont & ne ſubſiſtent que
par ces Lettres patentes, par cét Acte du Clergé, & par ces
Arreſts. Les meſmes Actes, par les meſmes perſonnes ne
peuuent eſtre approuuez pour vne partie & improuuez
pour l'autre. N'ayans eſté receus au College de Tournon
qu'à ceſte charge de ne preiudicier aux Vniuerſitez, ils
ont derogé à tout droict d'Vniuerſité, tellement qu'il ne
leur peut plus ſeruir de dire que ce College a eſté fondé à
tiltre d'Vniuerſité ; veu meſmes qu'ils ne rapportent
point la *Bulle* de Paul III. par laquelle ils pretendent telle fondation auoir eſté faicte ; & que la pretenduë *Bulle*
de Iules III. de laquelle ils n'ont que copie, n'a iamais
eſté approuuee ny executee par aulcun des moyens ou
actes neceſſaires pour l'eſtabliſſement d'vne Vniuerſité.

Outre ce, les deputez des Vniuerſitez ont en main auec
les Lettres patentes, aduis du Clergé, & Arreſts cy deuant
rapportez, *vn Arreſt* donné le 9. de Iuin 1584. au Parlement de Paris, ſur l'enregiſtrement des Lettres qu'ils diſent auoir obtenuës de noſtre Henry III. qui porte que
les impetrans, qui ſont vn pretendu Recteur du College
de Tournon & les Ieſuites ne pourront prendre autre
qualité que *d'Eſcholiers du College de Tournon* ; tant s'en
faut qu'en vertu de ces Lettres & de cet Arreſt, les Ieſuites
puiſſent auoir les tiltre & droicts d'Vniuerſité à Tournon. Des Eſcholiers ne peuuent pas donner les degrez, ny
faire les promotions.

Quand aux Lettres de noſtre Roy Henry le Grand
qu'ils alleguent, elles ne leur peuuent ſeruir, tant à cauſe
que par icelles il ne leur a eſté donné autre droict que ce-

luy qu'ils auoient lors: Or est il qu'ils n'auoiét point lors droiꞓt d'Vniuersité, voire mesme n'en pouuoient auoir au subieꞓt des Arrests sus-rapportez: que parce qu'elles n'ont iamais esté enregistrees.

Pour ce qui est des *Lettres* du mois de Decembre 1621. enregistrees au Parlement de Tholouse le 9. de Mars 1623. la surprise y est manifeste: c'est pourquoy par *Arrest* du mesme Parlement du 19. de Iuillet 1623. les Vniuersitez de Tholouse, Valence, & Cahors ont esté receuës à l'opposition qu'elles y ont formee, & defences faites suiuant leurs fins & conclusions aux Iesuites, (eux appellez & ouys, cóme aussi Mr le Procureur general) de prendre le nom, tiltre, ny qualité d'Vniuersité, ny bailler aulcuns degrez, ny aucune nomination aux benefices, sans preiudice à l'vnion du Benefice y mentionné.

La surprise faiꞓte par ces *Lettres* est manifeste, en ce que soubspretexte de faire approuuer l'vnion à leur College de Tournon, du Prieuré de sainꞓt Sauueur, qui vault quatre mil liures par an (ainsi veulent-ils enseigner *gratis*, & bailler les degrez *gratis*,) ils font eriger en Vniuersité leur College de Tournon, pour y bailler par eux les degrez auec autant de droits, priuileges, & prerogatiues que l'Vniuersité de Paris, & autres Vniuersitez de ce Royaume. Ainsi veulent-ils commencer en ce Royaume les Vniuersitez de leur Societé, ou plustost leurs vsurpations sur les Vniuersitez, par Tournon. N'est-ce point parce que ç'a esté le premier College qu'ils ayent eu en France, aussi bien que leur retraiꞓte en 1594. contre le feu Roy Henry le Grand, tesmoing les Arrests donnez au Parlement de Paris le premier d'Oꞓtobre 1597. & le 18. d'Aoust 1598. contre le sieur de Tournon.

C

Ceste surprise & aultres tendantes à mesme fin (que l'on appelle en termes de Chancellerie, subreption & obreption) faictes és aultres Lettres dont ils veulent se preualoir, ont donné subiect aux Vniuersitez de presenter Requeste au Conseil, entant que besoing seroit, affin de de reuocation d'icelles. Par Arrest du Conseil en date du 13. de Feburier dernier passé, des Lettres tendantes à mesme fin obtenües soubs le nom des habitants de Pontoise par les Iesuites, ont esté reuoquees, auec defences de s'en aider. Il y a pareille raison de reuoquer celles-cy, & faire defences de s'en aider. Où il y a pareille raison, il y a pareil droit.

Ils disent qu'ils ne font ceste poursuite que pour le seul College de Tournon, qu'ils desirent augmenter sans tirer à consequence.

Par leurs Constitutions & Bulles, il se veoid que ce n'est point pour vn seul de leurs Colleges, ny pour quelques-vns, mais pour tous qu'ils ont ce dessein, & de long-temps, quoy qu'il ne soit manifesté que d'auiourd'huy: Et si leurs Constitutions en sont creues, on ne dira plus les Vniuersitez du Roy, ny les Vniuersitez de France, ny l'Vniuersité de Paris, ny l'Vniuersité de Tholouse, & ainsi des autres; mais les Vniuersitez de la Societé. C'est leur langage. Pourquoy plustost pour Tournon, (qui n'est qu'vne petite ville, & ville non royale, ains seulement seigneuriale, où ils n'ont point à present cent ou six vingts Escholiers,) que pour vne aultre ville?

C'est ainsi que depuis leur Institut ils se sont accreus & aggrandis, comme ils sont. En 1540. ils ont obtenu Bulle de N. S. Pere Paul III. pour estre seulement 60. personnes en leur Societé. En 1543. ils ont practiqué autre Bulle

pour eſtre & admettre en leur Societé aultant de perſonnes qu'ils voudroient.

En 1550. ils ont obtenu de noſtre Roy Henry II. Lettres portant permiſſion ſeulemét de faire baſtir vne Mai-
ſon & College en la ville de Paris, & non en autres villes
de ce Royaume. En 1554. ils en ont eu d'autres Lettres du
Roy François II. pour ſe faire receuoir & tenir Maiſons
& Colleges à Paris, & aultres villes de ce Royaume.

En 1564. ils ont requis par Requeſte & Declaration
qu'ils ont faictes & preſentees à ceſte fin, qu'il leur fut
permis de faire des leçons en vn College à Paris, en
ſe ſoubſmettant au Recteur, & aux loix de l'Vniuerſité.
A preſent ils veulent que leur College de Tournon ſoit
Vniuerſité, auec aultant de droits, priuileges, & preemi-
nences que l'Vniuerſité de Paris : Et par leurs Conſtitutions il appert que leur deſſeing eſt, qu'autant de Colleges qu'ils ont & auront, ſoient aultant d'Vniuerſitez,
(qu'ils appellent Vniuerſitez de la Societé,) a regir ſoubs
leurs loix particulieres, qui ne ſont, ny approuuees par
nos Roys, ny homologuez és Cours de Parlements de
ce Royaume.

En Septembre 1603. ils ont obtenu Lettres de noſtre
Roy Henry le Grand, pour eſtre reſtablis és villes de
Tholouſe, Bourdeaux, Limoges, Lyon, & Dijon. En
Iuillet 1606. ils en ont moyenné d'autres pour reſider à
Paris, ſans enſeigner. En Octobre 1609. ils ont deman-
dé permiſſion de faire à Paris vne leçon publique en
Theologie, ſeulement. En Aouſt 1610. ils ont pourſuiui
des Lettres pour lire publiquement en toute ſorte de
ſciences. Ils ſeroit trop long de rapporter toutes les au-
tres practiques ſemblables qu'ils ont faictes.

C ij

Il suffit de finir par celle qu'ils ont voulu faire tout recentement en la ville de Troyes, capitale de la Champagne : Ayants recognu que par toutes voyes par eux practiquees, encore moins du consentement des habitans, ils ne pouuoient auoir ny College, ny Nouiciat, ny Maison Professe, quelques-vns d'entre-eux comme particuliers ont loüé vne Maison (qu'ils ont appellee Hospice,) pensant par ce moyen gaigner peu à peu les Esprits, & apres la Ville, comme ils auroient faict, si tous les corps de la Ville, tant du Clergé, que autres, ne s'y estoient opposez vertueusement, & enuoyé de Deputez vers sa Majesté, qui a iugé leurs raisons si bonnes, qu'elle a ordonné que les Iesuites sortiroient de cet Hospice.

Ils pensent emporter & faire reüssir leur desseing, en disant que l'on les incorpore aux Vniuersitez.

Leurs maximes, statuts & constitutions y sont contraires, & du tout incompatibles, aussi bien qu'aux offres qu'ils ont cy-deuant faictes de se soubsmettre aux Recteurs & loix des Vniuersitez.

Par leurs Constitutions ils ne peuuent auoir aultres Recteurs que ceux que [a] leur General a esleus, ou en tout cas, confirmez. Les Recteurs des Vniuersitez sont esleus par des plus habiles hommes d'icelles.

Ils ne veulent [b] en leurs pretenduës Vniuersitez que trois Facultez ; l'vne des Langues ; l'autre des Arts ; & la troisiesme de la Theologie. Les Vniuersitez ont quatre Facul-

[a] Constitut. part. 4. cap. 17. pag. 173. *Cura Vniuersalis vel superintendentia & gubernatio Vniuersitatis penes Rectorem erit. Eius electio ad Præpositum Generalem, vel alium, cui ille id commiserit (cuiusmodi esset Prouincialis vel visitator) spectabit: côfirmatio vero, semper erit Generalis.*

[b] Ibid. pag. 174. *Sint duo, vel tres Bidelli. vnus ad Facultatis linguarum; aliter ad Artium; tertius ad Theologiæ functiones destinatus.*

tez, les Arts, la Medecine, le Droict,
& la Theologie.

Ils veulent auoir és Vniuerſitez [c]
vn Sindic general qui aduertiſſe leur
General, tant des perſonnes que des
choſes, deſquelles bon luy ſemblera;
& vn Collateral, & des Conſeillers;
& que tant [d] le Collateral, que le
Sindic, que les Conſeillers, eſcriuent
à leur General vne fois par chaſcun
an, & deux fois à leur Prouincial qui
donnera aduis à leur General de ce
qui ſera neceſſaire; & que [e] les Lettres ſoient tellemét cachetez, qu'aulcun ne ſache ce que l'autre aura eſ-
crit. Les Vniuerſitez n'ont point de
tels officiers : & ne dependent que
du Roy & de ſes Magiſtrats & Iuges.

Par leurs Declarations baillez en
1564. ils ſont Reguliers. Les Vniuerſitez ſont Seculieres. Ils ont ſti-
pulé par le Contract qu'ils ont faict
auec les habitans de la ville de Sens,
qu'ils n'auroient point de college de
Seculiers. Comment veulent-ils s'incorporer auec ceux qu'ils rejettent?
Ils ne veulent que les Seculiers ayent
college en meſme ville qu'eux : Et
ils veulent qu'ils leur accorde droict
d'Vniuerſité & les incorporent. Ce

[c] Ibid. pag. 176. *Erit Syn-dicus vnus generalis, qui tam de perſonis, quam de* rebus, *de quibus videbitur, Rectorem & Præpoſitum* Genera-lem *admoneat.*

[d] Ibid. pag. 177. *Et Colla-teralis & Syndicus, & Con-ſiliarÿ de ipſo, & de alÿs, ſcri-bét ſemel ſingulis annis Præ-poſito* Generali, *& bis* Pro-uinciali, *qui* Generalem (*ſi quid oportuerit*) *admoneat.*

[e] Declarat. pag. ead. *Mit-tantur huiuſmodi* literæ *eo modo obſignata, vt nullus ſciat quid alius ſcripſerit.*

que l'on ne veut receuoir , il ne le fault faire à aultruy. C'est vne des principales regles de droict diuin & humain.

Ils s'attribuent pouuoir de bailler *a* les degrez à ceux qui auront esté refusez par les Vniuersitez, si ceux d'entre eux qu'ils appellent Examinateurs, les trouuent capables. Le moyen d'incorporer ceux qui veulent estre Superieurs, & auoir plus de pouuoir que le corps auquel ils demandent estre incorporez. Donner les degrez aux Escholiers auxquels les Docteurs des Vniuersitez les auront refusez, n'est-ce pas vouloir estre Superieurs des Vniuersitez, s'attribuer plus de pouuoir que les Vniuersitez ? N'est-ce pas vouloir faire en vne mesme ville deux Vniuersitez contraires l'vne à l'autre, vne Vniuersité dans l'Vniuersité; & de la diuision par consequence indubitable?

Pour ce qui est de l'incompatibilité de leurs Doctrine & Maximes auec celles des Vniuersitez, touchât les sacrées personnes des Roys & Princes, leurs subiects & Estats, & autres matieres, elle n'est que trop notoire & publique par les Liures

a Bulla, cui titulus , *Ad gradus* , pag. 85. *Etiam diuites (si* officiales *Vniuersitatum eos promouere recusauerint) cum per* Examinatores Societatis , *idonei sint inuenti,* ad quoscunque *Bacclaureatus, Licētiaturæ, Magisterij, & Doctoratus gradus, promouere concedimus.*

que les plus celebres d'entre-eux ont fait imprimer auec
approbation de leur General, ou aultre de leurs Superieurs ayant de luy charge expreſſe. Les Vniuerſitez pre-
ſentent au Roy les Extraicts de douze de ces Liures, &
plus; qui font bien veoir la verité & l'accompliſſement
du dire de pluſieurs Prelats de l'Egliſe, lors que ceſte So-
cietéeſt apparuë; & de l'aduis, ou pour mieux parler, de
la prophetie faict: en la Sorbonne en 1554.

Quand ils ont voulu faire pareille entrepriſe contre
l'Vniuerſité de Louuain, non ſeulement elle s'y eſt op-
poſee; mais auſſi les Eſtats de Brabant: Et ſur leur oppo-
ſition les Archiducs ont faict defences aux Ieſuites de
faire les promotions, & conferer les degrez. Les Actes
& Iugements en ſont imprimez, comme auſſi vn Bref
de N. S. P. Clement VIII. portant mandement de ſe
deſiſter de ceſte entrepriſe, & de n'enſeigner que les ſcié-
ces que l'Vniuerſité de Louuain leur a permis.

De meſme eſt-il aduenu pour l'Vniuerſité de Padouë.
Le decret du Senat de Veniſe dés l'annee 1591. eſt en lu-
miere, auec l'Harangue faicte ſur ce par vn des Deputez
de l'Vniuerſité de Padouë. Encores à preſent ils n'ont
en toute l'Italie que trois grands Colleges, à ſçauoir à
Rome, à Naples, & à Milan.

Et en l'annee 1623. pour ſubiect non diſſemblable à
celuy-cy, le Roy d'Eſpagne par l'Edict qu'il a faict pour
la reformation du gouuernement de ſon Royaume, a
ordonné en faueur de ſes Vniuerſitez, qu'il ne pourroit
plus eſtre faict ny eſtably de College qu'és Villes où il a
des officiers qu'il appelle *Corrigidors.*

S'il ne plaiſt au Roy d'ordonner (comme les Vniuerſitez en ſupplient ſa Majeſté) qu'à l'aduenir és Colleges

des Villes où il n'y a Vniuerſité, l'on ne pourra eſtablir plus de trois Colleges pour enſeigner les Lettres humaines ſeulement ; & que ceux qui voudrót faire leurs cours en Philoſophie, & apprendre les autres ſciences, ſe retireront aux Vniuerſitez, & ne pourrót obtenir leurs degrez que des Docteurs d'icelle; il peut eſtre aſſeuré que ſa Majeſté verra dans peu de téps, au lieu de 12. Vniuerſitez de Seculiers qu'il y a en 12. Villes capitales de ſon Royaume, autant d'Vniuerſitez de Reguliers, qu'il y a de Villes, ſoient grandes, ſoient petites; car non ſeulement, les Ieſuites ne perdent point d'occaſion de faire des Colleges, (auſquels ils veulent attribuer les titres & droits des Vniuerſitez) mais auſſi les Bernabites, les Preſtres de l'Oratoire: Et les autres Religieux en voudront aultant faire à l'imitation de ceux cy. Ils y ont pareil droit. Ils n'attendent que l'occaſion de ſe preualoir de leur exemple: Tellement qu'il y aura pluſieurs Vniuerſitez en l'Vniuerſité, qu'il n'y aura pas vne ſeule Vniuerſité en chacune Ville, mais pluſieurs Vniuerſitez, ſçauoir eſt celle de la Societé des Ieſuites, celle des Bernabites, celle des Preſtres de l'Oratoire, & autres : dont ne s'enſuiura pas ſeulement la deſolation & diſſipation des Vniuerſitez, auec parties des Villes capitales, eſquelles elles conſiſtent & ſubſiſtent: mais l'aneantiſſement de la milice, de la marchandiſe, de l'agriculture, ſans leſquelles nul Eſtat ne peut eſtre conſerué ny maintenu.

Peut-eſtre que ceux de ceſte Societé penſants eluder la force de ces raiſons, offriront de renoncer à leurs conſtitutions, bulles, & ſtatuts; mais ils y renonceront ainſi qu'ils ont cy deuant faict, combien qu'ils ne ſoient receus qu'à ceſte charge & condition, comme nous apprenons

prenons par l'*Acte* du Clergé assemblé à Poissy, & par les *Arrests* d'enregistrement d'iceluy qu'eux-mes-
mes ont poursuiuis és Parlements.
Ils entretiendront leur parole, com-
mes ils executent les charges & conditions, soubs lesquelles le feu Roy
les a restablis, entre lesquelles est celle-cy de ne rien entreprendre sur les
Vniuersitez: Ils s'y soubsmettront,
comme il est notoire qu'ils se soubs-
mettent à la Iurisdiction de M^rs les
Euesques, & aux Recteurs & Loix
des Vniuersitez.

En 1594. au mois d'Aoust *a* par les
defences qu'ils fournirent contre la
demande des Recteur & Vniuersité
de Paris, soubs le nom de Pierre *Bar-
ni*, en qualité de Prestre, Procureur
des Prestres Regents & Escholiers
du College de Clermont, ils promi-
rent d'obeïr au Roy, & le recognoistre pour leur Roy & Prince naturel
& legitime. Par *b* leurs Lettres de
la mesme annee 1594. & 1595. impri-

a Defences de ceux du
Collège de Clermont, im-
primees à Paris en *1594.*
pag. 8. *La 3. raison est, que
lesdits defendeurs se sont of-
ferts & offrent de faire*
toutes les submissions *re-
quises au Roy tres-Chrestiē
Henry IV. à present regnāt,
& le recognoistre* pour leur
Roy & Prince naturel &
legitime, *& desr.nt estre
ses loyaux & fidels subiects.*
b Literæ Societatis Iesu
duorū annorū *1594.* & *1595*
ad Patres & Fratres eiusdē
Societatis, editæ Superiorum permissu, Neapoli, apud Tarquin. Longum
1604. pag. *255. Postero & sequentibus diebus adolescentulos gymnasium nostrum
frequentantes indignis modis diuexabant, ni faustam Regi fortunam precaren-
tur: Sed mira constantia puerorum fuit, cum ab ys nihil aliud extorquerent, nisi
quod vnum ipsis docueramus, debere vnumquemque Regem suum reuereri; sed
quis legitimus sit Rex, Romani Pontificis esse declarare.* ——— *Puerum ac
pene infantem audiuimus ab ys elatum in sublime, iussumque Regi bene compre-
cari, alioqui se in subiectum ignem coniecturos, intrepido animo respondisse, malle
se incendio absumi, quam Regem vllum agnoscere, quem summi Pontificis nō pro-
basset authoritat.*

D

mez à Naples en 1604. il font triomphe de ce que leurs Escholiers, entre aultres vn ieune enfant, selon qu'ils leur auoient enseigné, n'y voulurét obeïr, ny prier pour la prosperité de sa Majesté.

Il n'y a pas plus de verité és offres qu'ils font de conferer les degrez, & faire les promotions *gratis*. C'est vn estrange *gratis*: Ils sont payez par aduance: Ils n'entrent point en des Colleges, qu'ils ne soient bien rentez par les habitans, desquels les enfants sont par eux enseignez: Et outre, ce reuenu ordinaire, ils sçauent tresbien la practique d'y faire vnir des benefices, dont ils reçoiuent plus de reuenu par chacun an, qu'il n'en est donné en dix, aux Docteurs & Regents des Vniuersitez. Les contracts de leurs reuenus, & les Actes de leurs vnions de benefices à leurs Colleges, sont en si grand nombre, qu'ils ne les peuuent plus cacher & latiter. Ils font vœu de pauureté, mais les Vniuersitez, aussi bien que plusieurs Religieux, par le moyen de leurs entremises, en ont & souffrent l'effect, leurs Colleges en plusieurs lieux sont des Palais & Maisons de Roys & Princes, tant en reuenus, que en beautez. Toutesfois & quantes qu'il aura esté donné aux aux Docteurs & Regéts des Vniuersitez pareils reuenus, ils enseignerót *gratis*, & donnerót les degrez *gratis*, ainsi que les Iesuites se vantent de faire, contre ce mesme qui est porté par leurs Constitutions. [a]

a Constitut. part. 4. c. 6 pag. 169. *Et nonuisi admodit exigui sumptus (licet voluntary sint) externis permittantur.*

Qu'ils soient plus habiles, ou que leur sciéce soit plus exquise, & meilleure que celle des autres, il ne se peut dire sás plus de vanité, que de verité. Ils auront tousiours bien de la peine d'en nommer de leurs Societé, plus

habiles & plus fçauants, que plu-
fieurs de ceux qui ont efté, & de
ceux qui font à prefent, és Vniuerfitez. Les nommans, d'autres feront
nommez par les Vniuerfitez, qui les
vaudront bien pour le moins. Igna-
ce Loyola, *a* leur General, a fi bié re-
cogneu que l'Vniuerfité de Paris
eftoit remplie de fçauants & tres-
doctes hommes qu'il a quitté, (ainfi
qu'il eft efcrit en l'hiftoire de fa Societé compofee par Nicolas Orlan-
din l'vn d'icelle, & imprimee à Rome en 1615.) fes compagnons pour
venir eftudier à Paris, & y eftant a
recômencé fes eftudes tout de nou-
ueau, recognoiffant qu'en Efpagne
il auoit efté tres-mal enfeigné, & n'a-
uoit rien appris qui vaillut.

Les plus doctes hommes qu'ils
ayent eus, font ceux qui ont efté les
premiers en leur Societé, & qui l'ont
compofee. Ceux-là n'auoient point
eftudié en leurs Colleges, mais bien
aux Vniuerfitez. Depuis qu'ils fe
font meflez d'enfeigner, ils n'en ont
point eu de pareils, encore moins
qui les ayent furpaffez : Bref, à le bié
rechercher, il fe trouuera que fi depuis que leur Societé a paru iufques
à prefent, ils ont eu quelques hom-

a Nicol. Orlandimus Societatis Iefu facerdos lib. 1. Hiftoriæ eiufdem Societatis pag. 17. *Sociys relictis Salmanticæ, quos ad fe poftea, fi ftatus rerum pateretur, accerferet, anno faculi eius octauo & vicefimo, Lutetiam Februario menfe peruenit. Hic animaduertens adhuc in ftudys fe non recta via deductum, fed præpropere ad altiora fubnectum, perque compendia magis vagatum, quam progreffum; & multa dum fimul complectitur, tetigiffe potius quà tenuiffe; cum is effet qui rerum vellet abfolutionem & corpus, non initia & vmbras; ftatuit de integro tum cum proxime videbatur ad laboris metas acceffiffe, ad carceres fefe referre. Igitur, vt Latinam linguã perpoliret, inter pueros in Montifacuti collegio fedebat auditor.*

D ij

mes de fçauoir & de pieté, ils n'ont esté faits de leur main & instruction, ains de celle des Vniuersitez.

Il est vray que soubs pretexte de l'administration des choses sacrees, la pluspart d'entr'eux sont venus à vne telle presomption & desir de dominer, qu'ils s'estiment seuls sçauants, pieux, vertueux, & seuls capables d'instruire & enseigner les autres. Ils publient, ils escriuent que tous les *Seculiers Docteurs & Regents* n'enseignent que par maniere d'acquit, ou pour passer leur temps, ou remplir leur bourses, ce sont les propres termes de l'aduertissement qu'ils ont fait faire en la cause de Ponthoise: Mais c'est auec pareille verité qu'ils soustiennent leur pretenduë possession de bailler les degrez à Tournon, mesmes en Theologie, estre iuste; comme si vne possession, qui est contraire aux tiltres, estoit iuste. Les tiltres qu'ils apportent, sont; *Copie* d'vne Bulle de Iule III. qui porte seulement faculté d'enseigner les lettres Latines, Grecques, Hebraïques, & Chaldaïques, & la Philosophie morale, & Physique. *Arrest* du Parlement de Thoulouse de 1560. qui homologue les Lettres & donation par eux obtenuë du College de Tournon, aux charges & conditions portees par l'aduis du Clergé assemblé à Poissy, entre lesquelles est celle-cy de ne rien faire au prejudice des Vniuersitez. *Les Lettres* de nostre Roy, qui a restrainct leur pouuoir aux charges & conditions des Lettres de leur restablissement faict à Tournon, & autres Villes en 1603. entre lesquelles est semblablement celle-cy, de n'entreprendre rien au prejudice des Vniuersitez. Auec pareille verité, Iustice n'est Iustice, si elle n'est à leur gré; tesmoing *l'Arrest du Parlement de Thoulouse,* qu'ils appellent, *aigreur,* par leur In-

uentaire de production au Conseil;
tesmoings les paroles atroces qu'ils
ont fait escrire contre le *Parlement de
Paris* en la cause de Pôthoise, lesquelles les Deputez des Vniuersitez ne
veulent icy estre transcrites , pour
leur faire veoir & à vn chacun, que
suiuants le commandemét de D I E V
ils veulent pardonner à leurs enne-
mis. Auec pareille verité, Catholiques ne sont Catholiques, s'ils ne
le sont à leur mode : si ce sont *Prestres* seculiers, qui ne les suiuent, ils
les qualifient ſschismatiques , tesmoing la Declaration & Requeste presentee à nostre sainct Pere
Clement V I I I. par les Prestres
seculiers d'Angleterre , ᵃ dont

ᵃ *Declaratio motuum ac
turbationum quæ ex contro-
uersiis inter* Iesuitas, *ijsque in omnibus fauentem D. Gregorium Blackuellum Ar-
chipresbyterum, &* Sacerdotes seminariorum *in Anglia ab obitu illustriss.Car-
dinalis Alani ad annum vsque* 1601. *ad S. D. N. Clementem V I I I. exhibita
ab ipsis* Sacerdotibus *qui schismatis aliorumque criminum sunt insimulati. Edi-
ta Rhotomagi apud Iac. Molæum sub signo Phoenicis.* 1601. Pag. 23. P. *Rober-
tus* Parsonus *Iesuita,præcipuus author omnium nostrarũ perturbationum domi fo-
risque. Is quidem cum circiter biennium in Anglia ante octodecim annos fuisset, it.
agendo* Principis & Magistratuum *animos commouit, vt ea tum* primum *occa-
sione,grauissimæin* Sacerdotes *et receptores eorum* capitales leges *statuerentur.
Sed ipse ignauus miles , saluti suæ quam primum consuluit. Desertor tamen ca-
strorum* D E I *effectus, atque in tuto positus, nunquam exinde destitit , aut libellis
contra primarios reipublicæ* Magistratus, *aut literis factiosis irritare temporalem
Regni statum. Multa enim intercepta eius literæ ad suos in Anglia scripta, Regni inuasiones per externum militem promittunt et pertractant.* Pag. 30. Iesuitæ
sibi ipsis comparare superioritatem *per suffragia diffidentes, &* Episcopalem *di-
gnitatem, vt sua concupita existimationis ac splendoris obfuscationem auersantes,
ad* dominium *comparandum , aliena persona larua vtendum putant. Quam-
obrem aliquis ex nostris* Sacerdotibus,*per omnia Iesuitis* obsequentissimus,*ne-*

bis in hoc negotio aduersarius, sedula P. Parsoni opera ad gradum infimæ alicuius
Prælaturæ erat promouendus. Per hunc enim et se auertere à iugo Episcoporum,
& facile dominari in toto Clero posse sperabant. Pag. 36. Inobedientes atque
adeo schismaticos nos esse vbique proclamant. Pag. 37. Adeo quidem vt multo
nobis grauior esset persecutio quam contra nos excitarunt patres Iesuitæ et Ar-
chipresbyter, quam quæ à communis hostis insidijs nobis quotidie immineret.

a Liure 3. des Ambassa-
des & negociations, impri-
mees à Paris chez Ant. E-
stienne en 1623. pag. 402.
Je luy communiquay aussi
sur le propos des affaires
d'Angleterre, d'esteindre la
diuision qui est entre les Catholiques Anglois, les vns
obeïssants à l'Archipreste,
gouuerné par les Iesuites, et
les autres appellants de la
puissance, mal administree
dudit Archipreste. ——
l'estimant vtile non seulemēt
pour le bien de l'Eglise, mais
encore pour le seruice de vo-
stre Majesté; d'autant que
le parti des Iesuites en ce
païs là, depend de Parso-
nius, & autres instruments
de la faction d'Espagne.

b Rosoueydus dissertat.
de fide hæret. seruādā. Edit.
Antuerpiæ 1610. pag. 190.
Nequidquā ringentibus hæ-
reticis, frendentibus semi-
christianis, oblatrantibus re-
gijs (qua noua nunc secta)
Catholicis.

c Responce du Roy aux
Remonstrances faites par
M. le premier Presidēt du
Harlay en 1603. pag. 546.
du Recueil de plusieurs
memoires d'Estat, impri-
mé en 1623. Vous ne dittes pas que ces iours passez les Iesuites ont soustenu que le
Pape ne pouuoit errer, mais CLEMENT pouuoit faillir.

a Monsieur le Cardinal du Perron
estant à Rome a parlé à sa Saincteté,
& escrit à nostre Roy Henry le Grād
en 1605. Si ce sont Laics, qui ne
veillent s'assubiettir & s'asseruir à ce
qu'ils disent, ils sont demi-Chre-
stiens, Catholiques Royaux, comme dit b Rosoueydus l'vn de ceste
Societé: Voire mesme, s'il y a quelqu'vn de N. S. Peres, qui ne face ce
qu'ils desirent, ils soustiennent qu'il
peut faillir, tesmoing N. S. P. Clement VIII. pendant le siege duquel c ils ont dit & soustenu que le
Pape ne pouuoit errer, mais Clemēt
pouuoit faillir.

APRES auoir consideré ce que
dessus, la Iustice de nostre ROY(ainsi
que les Deputez des Vniuersitez as-
seurez sur icelle osent se persuader)
fera veoir & recognoistre à tout le
monde par son Iugement & Arrest,
que c'est auec iuste subiect, par vne
singuliere preuoyance, & non point
par vne vaine deffiance, ny par ter-

reur panique que N. S. P. Paul III. en l'annee 1540. a ordonné qu'en ceste Societé ne pourroit entrer plus de 60.
personnes; que nostre Roy Henry II. a dit par ses Lettres patentes de 1550. que ceux de ceste Societé bastiroiét
seulement vne maison en la ville de Paris, & non és aultres villes de ce Royaume; que M^rs les gens du Roy au
Parlement de Paris, Seguier, Marillac, Bruslart, du Mes-
nil, Bouchart, Bourdin, Marion, de la Gueste, Seruin, de
Belieure, ont cóclud par plusieurs fois contre ceste Societé, les vns à ce qu'elle ne fut receuë, les autres à ce qu'il
ne fut permis de tenir des Colleges & faire des leçós pu-
bliques ne priuees; que les Doct. de la Faculté de Theologie de Paris, assemblez à la Sorbonne en 1554. ont esté
d'aduis que ceste Societé tendoit plustost à destruire qu'à
edifier; Que M^rs les Prelats, Cardinaux, Archeuesques, &
Euesques, & aultres du Clergé de Fráce, n'ont esté d'aduis
de les receuoir que sous plusieurs conditions & charges
portees par l'Acte qui en a esté faict en leur assemblee te-
nuë à Poissy en 1561. Que les Parlements ne les ont receus, & particulierement le Parlement de Thoulouse n'a
enregistré ny auctorisé par son Arrest du 14. de Feb. 1561.
la donation à eux faicte du College de Tournon, qu'à
ces mesmes charges & conditions; Que nostre Roy
Henry le Grand ne les a restablis en 1603. que soubs ces
mesmes charges, & autres declarees par ses Lettres patentes: Que les Lettres qu'ils ont de nostre Roy regnant
à present, porte clause qui les oblige à obseruer les regles
& conditions portees par les Lettres de 1603. Que c'est
par necessité de se defendre, & non point par aulcune
animosité ny vaine apprehension, que l'Vniuersité de
Paris s'est tousiours & de temps en temps opposee aux

permiſſions par eux demandées de faire des leçons : Et
qu'à preſent il eſt encore plus neceſſaire à toutes les Vniuerſitez de France de s'oppoſer à l'vſurpation qu'ils veulent faire des tiltres, droits & priuileges des Vniuerſitez ; comme elles s'y oppoſent, non tant pour l'intereſt
de leurs Docteurs & Profeſſeurs, (ne leur reſtant plus
que les ſeuls anciens ornements, ſans aultre recompenſe
d'honneur ny de commoditez) que pour le ſeruice qu'ils
doiuent à l'Egliſe, au Roy, & à leur Patrie.

C'EST POVRQVOY les Recteurs, Doyens, Procureurs
& Suppoſts des Vniuerſitez de France concluent, à ce
qu'il plaiſe au Roy, faiſant droit ſur la caſſation d'Arreſt
demandée par les Ieſuites, & ſur les Requeſtes & deman-
des incidemment faictes par les Vniuerſitez, declarer les
Ieſuites non receuables, quoy que ce ſoit mal fondez en
la caſſation par eux requiſe de l'Arreſt donné au Parlement de Thoulouſe le 19. de Iuillet 1623. Et reuoquer
toutes Lettres que les Ieſuites peuuent auoir obtenuës
pour s'attribuer le nom, tiltre, qualité, droits & priuileges des Vniuerſitez, auec defences aux Ieſuites de s'en
aider ; Et à eux & tous autres Religieux de pourſuiure à
l'aduenir l'eſtabliſſement d'aulcun College : Et qu'en
ceux qu'ils ont és Villes, où il n'y a Vniuerſitez, il ne
pourront doreſnauant faire plus de trois Claſſes, pour les
langues Latine & Greque ſeulement.